Gute Geschichten bessern die Welt.

Hugo Portisch

So sah ich Mein Österreich

story.one – Life is a story

Aufgezeichnet von Hannes Steiner

story.one

1. Auflage 2021

Eine Marke der Storylution GmbH

2010 hat Hugo Portisch dem befreundeten Verleger Hannes Steiner (story.one) in insgesamt 30 Stunden sein Leben erzählt. Dieser hält gemeinsam mit dem Unternehmer Michael Kraus die Rechte an diesen „Toskana Tapes".
Geplant ist ein Hugo-Portisch-Preis für exzellente journalistische Leistungen und eine Sommerakademie für Journalisten im Toskana-Haus von Hugo Portisch, das er im Alter an Michael Kraus verkaufte.

Gesetzt aus Minion Pro und Lato.

Printed in the European Union.

ISBN: 978-3-903715-10-3

„Die Geburt der Zweiten Republik aus den Trümmern des Krieges ist eine unglaubliche Geschichte.“

INHALT

Österreich – Eine unglaubliche Geschichte

Die Geburt der Zweiten Republik aus den Trümmern des Krieges und der Hitler-Tyrannei bezeichnet Hugo Portisch als „unglaubliche Geschichte". Es hätte auch ganz anders kommen können. Doch mit Strategie, Taktik, Geschick und auch ein bisserl Infamie – potenziert durch glückliche Zufälle – erfing sich Österreich rasch wieder und startete neu durch.

Gleich noch im Mai 1945 kreiste ein Flugzeug der Alliierten über Wien. Von diesem Flieger aus wurde alles Wichtige gefilmt. Der zerschossene Prater, das bombardierte Schloss Schönbrunn, der Stephansdom in Trümmern, die Universität – alles in Ruinen. Diese Aufnahmen habe ich in einem Archiv gefunden und wollte sie in meiner Dokumentation „Die Zweite Republik – Eine unglaubliche Geschichte" zeigen. Aber – mehr noch: Ich wollte sie kontrastieren mit Bildern vom heutigen Wien. Deshalb wollte ich diesen Flug von damals nachstellen. So sind wir mit einem Polizeihubschrauber geflogen – das war ein ungeheurer Kontrast! Damals und heute! Und das haben wir dann auch so gezeigt: das bombar-

dierte Schönbrunn, teilweise ohne Dach, tief zerstört, und die englischen Soldaten stehen in einer Wachformation vor dem ramponierten Schloss … Und dann haben wir im Morphingverfahren auf die heutigen Bilder aus dem Polizeihubschrauber übergeblendet: Eine große Truppe von japanischen Touristen steht in einer Wachformation vor dem strahlenden Schloss Schönbrunn, und ringsherum ist alles Jubel, Trubel, Heiterkeit …

Die Entstehung – genauer gesagt: die Geburtsurkunde – dieser Zweiten Republik ist tatsächlich eine unglaubliche Geschichte! Unglaublich war schon die „Moskauer Deklaration" 1943: Die war ein reines Zufallsprodukt, das etwas ganz anderes bewirkt hat, als die Alliierten damit eigentlich vorhatten. Sie wollten Deutschland schwächen und Österreich als eigenen Staat definieren – den man später vielleicht wieder kassieren würde. Tatsächlich haben sie diesen Staat aber dadurch mit einer „Geburtsurkunde" ausgestattet, die uns bis zum heutigen Tag verfolgt.

So hat man uns damals mitgeteilt: Ihr seid einerseits ein „Opfer Hitlers"; andererseits seid ihr trotzdem am Krieg schuld. Darin liegt der ganze Widerspruch Österreichs in der Zweiten Republik. Und dadurch wurde diese Republik unter unglaublichen Umständen aus der Taufe gehoben!

Es ist heute wirklich unglaublich, was da alles entstehen konnte! Unglaublich, dass die Russen einverstanden waren mit der freien Wahl im November 1945! Unglaublich, dass diese Wahl – zum Nachteil der Sowjets – so ausgegangen ist! Unglaublich, dass wir diese Bedrohung der Spaltung Österreichs und der Blockierung Wiens in Anbetracht der ganzen europäischen Situation so glimpflich überstanden haben! Unglaublich, wie wir unsere Kunstschätze aus Wien evakuiert haben! Unglaublich auch, wie sich die österreichische Wirtschaft erholt hat und wie das Modell der Sozialpartnerschaft gewirkt hat! Bis zum Waldheim war alles unglaublich.

Spaziergang mit Ernst Fischer

Die erste Nationalratswahl der Zweiten Republik fand am 25. November 1945 statt. Die ÖVP unter Leopold Figl ging als Sieger aus der Wahl hervor. Zweiter wurde die SPÖ unter Staatskanzler Karl Renner. Die KPÖ blieb deutlich hinter den Erwartungen. Der Schriftsteller und Publizist Ernst Fischer, bis dahin KPÖ-Staatssekretär für Unterricht der Provisorischen Staatsregierung Renner, hatte sich ein wesentlich besseres Abschneiden der Kommunisten erwartet.

Ernst Fischer, der große KP-Führer und KP-Minister, und ich gingen das Stückerle von der jugoslawischen Botschaft bis zum Donaukanal hinunter, wo der Fischer zu Hause war. Da hat er mir auf dem Weg erklärt, dass sie damit gerechnet hatten, dass freie Wahlen auf jeden Fall für die Kommunisten ausgehen müssten. Mit Abstand hätten sie die gewinnen müssen, denn sie waren ja die Befreier. Es kamen die Sowjettruppen ja als Befreier! Alle diese Völker – so Fischer – mussten doch unter dem Faschismus und unter dem Hitlerismus und unter den Machtinstrumenten wie der Gestapo unendlich gelitten haben, und daher würden sie überwältigend kommunistisch wählen – für die Befreiung. Darüber, dass es dann nirgendwo so war, waren die Kommunisten zutiefst und bitter enttäuscht.

Ich persönlich bin ja der Meinung, dass sich die Russen das selber zuzuschreiben hatten. Denn sie kamen tatsächlich als Befreier, indem sie die Deutschen und die Nazitruppen schlugen und zurückdrängten. Dafür zahlten sie auch einen hohen Blutzoll. Aber die sowjetische Armee, die Rote Armee, hat sich nicht gut benommen. Nirgendwo. Am schlimmsten war es in Deutschland, wo ja der Solschenizyn in seinen „Ostpreußischen Nächten" in grauenhaften Details schilderte, wie sie nahezu den Auftrag hatten, alle Frauen zu vergewaltigen und nachher zu erschießen! Also, ich zitiere da nicht irgendjemanden, sondern Alexander Solschenizyn, einen angesehenen russischen Autor, der dafür legitimiert war, so etwas zu schreiben.

Schließlich waren ja auch die österreichischen Erfahrungen ganz ähnliche. Wo die Sowjetarmee hinkam, waren Vergewaltigungen an der Tagesordnung. Zu Tausenden wurden die Frauen vergewaltigt! Im Burgenland, in Niederösterreich, in Wien. Das war natürlich ein Grauen. Denn es war ja wie eine „Bestätigung" dessen, was die Na-

zipropaganda zuvor als Verleumdung in Umlauf gebracht hatte.

Dabei waren die Fronttruppen, wie ich glaube, noch durchwegs in Ordnung. Die haben sich sehr ordentlich benommen. Aber der Tross, der gleich dahinter kam, der war „dressiert" auf Plünderung und Vergewaltigung. Das war die reinste Schreckensherrschaft! Und man soll nicht im Nachhinein versuchen, das als „gar nicht so arg" hinzustellen. Es war sehr arg! Und dieses Eigentor hatten die Russen selbst zu verantworten. Durch das Benehmen ihrer Leute war der Kommunismus für die Menschen hier gestorben.

Weichenstellung für Österreich

Am 27. April 1945 wurde im Wiener Rathaus – das Parlament war zerstört – von Vertretern der drei Gründungsparteien der Zweiten Republik (SPÖ, ÖVP und KPÖ) die österreichische Unabhängigkeitserklärung unterzeichnet. Sie war Basis für die am gleichen Tag erfolgte Konstituierung der Provisorischen Staatsregierung unter Karl Renner. Kein anderes Land hatte so schnell eine neue Regierung – ein vermeintliches „Wunder“, das laut Portisch viel zu wenig gewürdigt wird.

Es wurde also eine Regierung eingesetzt: die Renner-Regierung, im Dreier-Proporz – SPÖ, ÖVP, KPÖ. Und am 27. April 1945 wurde die freie Republik Österreich proklamiert. Noch am gleichen Tag zogen sie ins Wiener Rathaus. Dort gibt der Renner die große Regierungserklärung ab – die es wert ist, genauer analysiert zu werden: Denn nie hat ein Staatsmann so gelogen wie der Renner in dieser Regierungserklärung! Aber es war Balsam auf den Seelen aller Österreicher und aller Wiener.

Diese Regierung tritt also in Funktion und hat den Anspruch, eine Regierung für ganz Österreich zu sein – das klappte in 13 Tagen! Das ist sonst nirgendwo in der Welt möglich gewesen und geschehen. Nirgendwo sonst in dieser wahnsinnig kurzen Zeit und mitten im Krieg! Dieses Wunder ist aber nie so richtig gewürdigt worden. Es hieß nur immer: Ja, der Renner war ein Schlawiner, der hat das halt zustande gebracht, und so weiter. Aber: mit welchem Entgegenkommen der Sowjetunion und der Sowjetarmee!

Immerhin hat der Renner ja, wenn man ihn genau durchleuchtet, einen Kniefall vor den Russen gemacht. Einen viel größeren Kniefall als der Werner Faymann vor dem Hans Dichand! Er hat damals gesagt: „Werter Genosse Stalin, ich war immer schon auf Ihrer Seite. Und Trotzki war mein Liebling ...“ Da hat er nicht gewusst, dass der Trotzki schon längst ein Todfeind war! „Ich weiß“, sagte er sinngemäß, „die Zukunft Österreichs liegt in der Hand des Sozialismus, und wir werden in engster Vertrautheit zusammenarbeiten mit den Kommunisten.“ Das hat er dem Stalin geschrieben. Der Brief ist ja bekannt. Daher hat der Renner auch nichts dagegen gehabt, dass der Innenminister ein Kommunist war. Logisch! Und die Staatspolizei kommunistisch war. Lo-

gisch! Er hat ja wirklich geglaubt, Österreich wird in der Hand der Sowjets sein, und er müsse eben schauen, wie viel er für Österreich unter kommunistischer Herrschaft retten kann. Das muss man ihm zubilligen.

Auf der anderen Seite hat der Renner den Alliierten versprochen: „Wir machen so schnell wie möglich freie Wahlen." Und die Sowjets waren interessanterweise einverstanden. So wurden bereits im November 1945 freie Wahlen durchgeführt, und das war meiner Ansicht nach der ganz große Wendepunkt und die entscheidende Weichenstellung für Österreich: 5 Prozent Kommunisten bei den freien Wahlen – da hatten die gar keine Aussicht mehr auf einen Putsch! Also, in der Tschechoslowakei, mit 33 Prozent, da ging für sie alles. Aber in Österreich ging für sie nichts. Mit 5 Prozent ging nichts mehr!

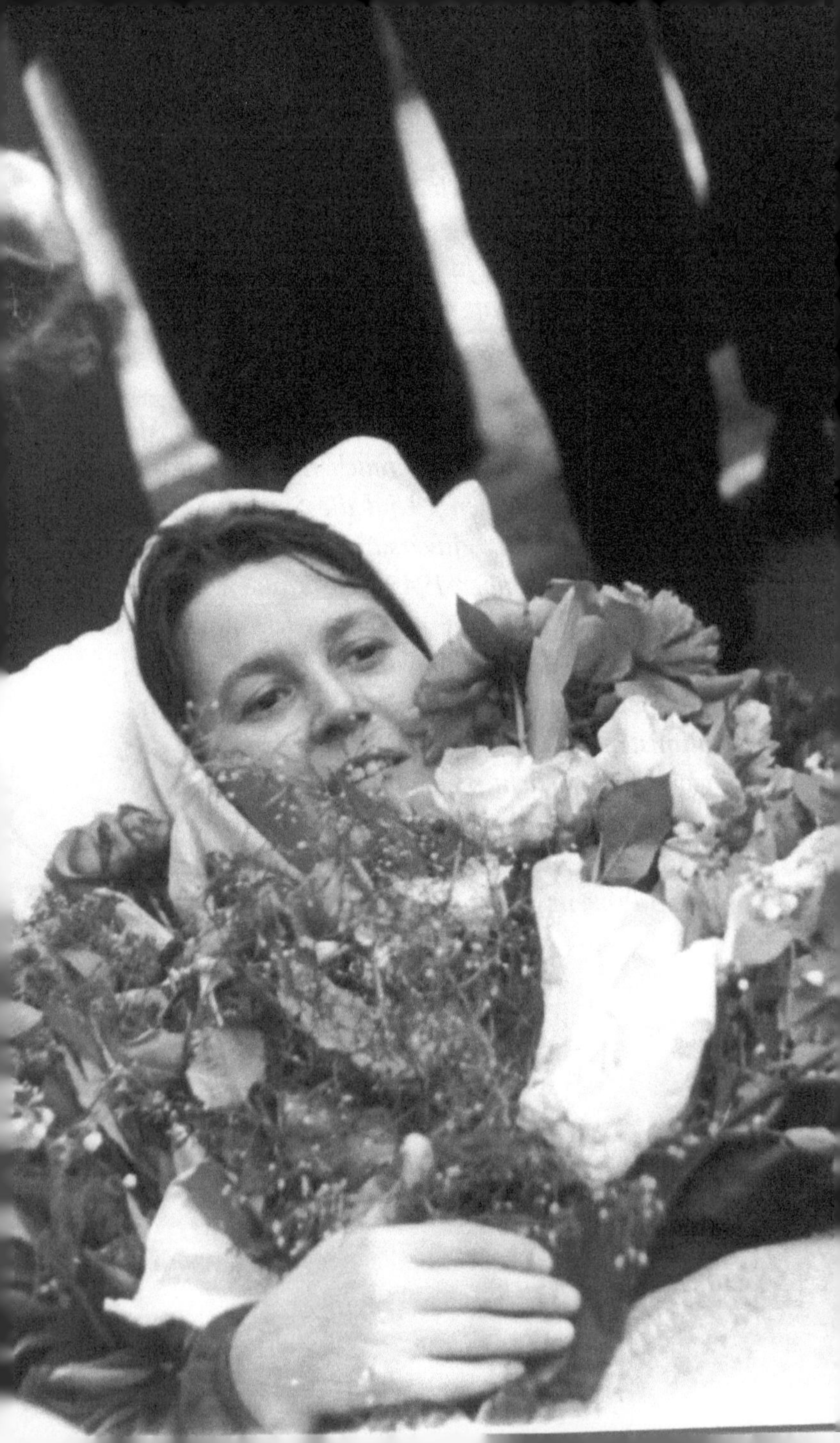

Der Fall Margarethe Ottillinger

Margarethe Ottillinger war in der Nachkriegszeit eine österreichische Beamtin und Managerin. Ihr außergewöhnliches, an Dramen reiches Leben wurde sogar verfilmt – mit Ursula Strauss in der Hauptrolle.

Margarethe Ottillinger war eine ganz tüchtige Sektionschefin. Der Peter Krauland war damals Minister und ihr Chef. Und sie hat den Marshallplan fest in der Hand gehabt. Sie wusste alles. Natürlich hat sie auch Leute angesprochen und für sich geheuert und an sich gebunden – in der Erdölindustrie, bei den Eisenbahnen, in den Wasserwerken, in der Donaudampfschifffahrt –, die ihr berichtet haben. Österreicher, Patrioten, die gesagt haben, dieses oder jenes wird von den Russen abtransportiert. Sie hat das alles registriert. Die wusste, was los ist. Wenn man so will, hat sie tatsächlich eine Art Auskunftsdienst unterhalten.

Schließlich hat sie auch eine internationale Aufgabe übernommen: Sie war zuständig für die Erfassung des Transport- und Eisenbahnwesens in Europa. Das war in dieser schwierigen Zeit eine heikle Sache, die sie da zu erledigen hatte. Denn die Russen hatten das Ganze in ihrer Zone befindliche Eisenbahnmaterial beschlagnahmt, und überall gab es dieses SSSR-Zeichen. All diese Waggons hatten Sichel und Hammer und dieses SSSR-Zeichen. Jahrelang. Bis 1955 waren die österreichischen Waggons in russischer Hand.

Und dann kam der „Fall Ottillinger": Der Krauland und die Ottillinger waren gerade in Oberösterreich und kamen dann über die Demarkationslinie. Dort wurden sie von den Russen kontrolliert, und Ottillinger wurde aus dem Auto herausgeholt. An und für sich hatten die österreichischen Regierungsmitglieder und Beamten ja freie Fahrt. Deshalb schreit sie den Chauffeur auch an: „Losfahren!" Aber der Minister zögert. Der sowjetische Soldat greift herein, zieht die Bremse, und sie holen die Ottillinger raus! Und der Minister fährt weg, ohne sich weiter um sie zu kümmern! Das war ein sehr schwarzes Kapitel.

Warum hat der Krauland das getan? Es gab sehr viele böse Nachreden, die besagt haben, sie wäre ihm zu mächtig geworden. Er wäre froh gewesen, dass er sie losgeworden ist. Kann ich mir vielleicht sogar vorstellen – „Jetzt bin ich die los!" Aber bitte, das war eine üble Nachrede. Andere üble Nachreden haben wiederum besagt, dass sie seine Freundin war und er aus diesem Grund froh war, dass er sie losgeworden ist ... Da kursierten auch böse Witze, die ich aber jetzt nicht zitieren werde.

Wie auch immer, die Margarethe Ottillinger war sozusagen Österreichs Marshallplanopfer. Sie wurde dann in der Sowjetunion zum Tod verurteilt wegen „Spionage". Später ist sie auf 20 oder 25 Jahre Schwerstarbeit begnadigt worden. Sie musste die unglaublichsten Schwerstarbeiten in Waschküchen und Lagern verrichten. Sie ist dann schwer lungenkrank geworden. 1955 kam sie – praktisch als Sterbende – nach Österreich zurück und wurde wieder aufgepäppelt. Sie ist dann Chefin der ÖMV geworden. Logischerweise. Eine ganz tolle, ganz großartige Person!

Ich als „Volksverhetzer“

Die Blockade Berlins durch die Sowjets sorgte für Angst. Auch in Österreich – würde auch Wien bald „blockiert“ werden? Hugo Portisch, hauptberuflich in der „Wiener Tageszeitung“ tätig – und heimlich in Hans Dichands „Murtaler Zeitung“ –, schrieb dazu einen Leitartikel. Und wurde prompt verhaftet.

In einem Leitartikel der „Murtaler Zeitung“ habe ich damals folgende These vertreten: Wenn die Sowjets auch Wien blockieren, würden sie einen Krieg riskieren! Aber den werden sie nicht wollen … Der Dichand hat das groß aufgemacht: „Wird Wien ein zweites Berlin?“ Es war natürlich eine Dichand'sche Formulierung, weil das alarmierend wirken musste. Aber die Antwort des Leitartikels war eindeutig: Nein! Wien kann gar kein zweites Berlin werden!

Die „Murtaler Zeitung“ erschien. Auf einmal stehen zwei Kriminalpolizeibeamte vor mir: Ich sei angeklagt wegen Volksverhetzung! Ich rase zum Chefredakteur der „Wiener Tageszeitung“. Lege eine Beichte ab: „Ja, ich habe das für die

‚Murtaler Zeitung', für den Kollegen Dichand, geschrieben. Und jetzt werde ich dafür angeklagt!" Drauf er: „Dafür müssen Sie geradestehen!"

Zum Glück war ich damals schon sehr eng mit meiner späteren Frau. Sie war die Tochter des Journalisten Maximilian Reich, der gemeinsam mit dem Justizminister Gerö im KZ war. Also, ich verständige sie: „Du, die wollen mich einsperren wegen Volksverhetzung!" Sie erzählt das ihrem Vater, der ruft den Gerö an: „Du, pass auf, das ist doch ein heller Wahnsinn!" Sagt der Gerö: „Dann stellen wir das Verfahren natürlich ein!" Sage ich: „Hurra, wir sind da draußen!"

Zwei Wochen später läutet es bei mir um 9 Uhr früh. Wieder zwei Kriminalbeamte. Sie stellen sich an mein Bett: „Aufstehen, anziehen, mitkommen!" Es war eine kalte Jahreszeit. Ich hatte einen Regenmantel an mit großen Seitentaschen. Gott sei Dank konnte ich noch schnell die Traudi anrufen: „Du, die führen mich ab ins Gericht!" Sie hat wieder ihren Vater eingespannt, und der den Gerö – meiner Ansicht nach hatte der das glatt vergessen …

Im Gerichtssaal saß die Traudi als einzige Zuschauerin. Sagt der Richter: „Ich verurteile Sie wegen Beleidigung des Gerichts zu drei Tagen Gefängnis!" Sage ich: „Bitte, wodurch habe ich das Gericht beleidigt?" Drauf er: „Schauen Sie sich an, wie Sie dastehen!" – „Wie stehe ich da?" – „Sie haben die Hände in der Manteltasche!" Drauf schreit die Traudi: „Wir sind doch nicht im Kindergarten!" – „Ich lasse den Gerichtssaal räumen, wenn Sie noch einmal schreien!" Dann legte der Staatsanwalt los: „Volksverhetzung!" Sage ich: „Das steht nicht in meinem Leitartikel, was Sie hier sagen!" Dann kommt ein Diener hereingelaufen, geht zum Richter und gibt ihm einen Zettel. Der Richter nimmt ihn und geht zum Staatsanwalt: „Also, Herr Staatsanwalt, wie ist ihr Plädoyer?" – „Freigesprochen!"

Als ich ein Jahr später für meine Hochzeitsreise einen Pass beantragen wollte, habe ich ihn nicht bekommen – ich stand noch immer unter Anklage.

IIA 19356

Hitlers erstes Opfer

In die Moskauer Deklaration 1943 sowie in die Unabhängigkeitserklärung am 27. April 1945 fand der sogenannte „Opfermythos“ Eingang: Österreich sei Hitlers erstes Opfer gewesen. Diese sehr „bequeme“ Ideologie wurde erst Jahre später in Zweifel gezogen und schließlich – spät, aber doch – korrigiert.

Auf die Formel „Österreich war das erste Opfer Hitlers“ hat sich natürlich die von den Sowjets eingesetzte österreichische Regierung sofort draufgesetzt. Und auch Staatskanzler Renner hat bereits bei seiner Regierungserklärung am 27. April 1945 die Möglichkeit genutzt zu sagen: Wir haben mit dem Deutschen Reich überhaupt nichts zu tun. Wir sind ein Opfer Hitlers gewesen. Wir wurden von der deutschen Wehrmacht besetzt. Wir sind vergewaltigt worden sozusagen, und wir haben mit dem Nazitum nichts im Sinn. Man hat sich darauf gestürzt – auf diese Opfergeschichte!

Nachher ist das den österreichischen Regierungen immer wieder – und bis zum heutigen

Tag – de facto vorgeworfen worden: Man habe sich immer auf diese „Opferrolle“ berufen und die Augen verschlossen vor all dem, was die Österreicher in allen möglichen Funktionen ihren Mitbürgern, den fremden Staaten und Menschen in Europa angetan haben: im Krieg, in den Konzentrationslagern, im Holocaust und so weiter.

Die damals gängige Floskel lautete aber: Wir hatten mit dem Hitler-Krieg nichts zu tun, wir sind befreit worden. Wir waren selbst Opfer. So lautete dieser Selbstfreispruch beziehungsweise dieser Freispruch durch die Alliierten hinsichtlich Österreichs.

Tatsächlich hätten die österreichischen Regierungen vom ersten Augenblick an wissen müssen – und sie haben es natürlich auch gewusst –, in welchem Ausmaß Hitler hier unterstützt worden ist. In welchem Ausmaß er begrüßt worden ist. In welchem Ausmaß österreichische Nazis und auch Nicht-Nazis dazu beigetragen haben, dass der „Anschluss“ in Ordnung geht. Wie viele bei der Volksabstimmung mit Ja gestimmt haben – das war ja eine überwältigende Zahl! Vielleicht nicht 92 Prozent, wie die Nazis behauptet haben, aber sicherlich weit über 80. Deshalb hätte man vom ersten Augenblick an sagen müssen: Ja, als Staat waren wir ein Opfer! Ein großer Teil des Volkes war aber auch Täter!

Aber natürlich, im Nachhinein tut man sich leichter. Und ich habe mich schon immer wieder gefragt: Soll die Regierung eines besiegten Landes – und Österreich war ja ein besiegtes Land –, wenn sie gefragt wird, sagen: „Halt, halt! Wir wollen kein Opfer sein oder nicht nur Opfer sein. Wir wollen bitte auch Mittäter gewesen sein, und wir wollen auch die Schuld abtragen, die unser Volk auf sich geladen hat"? Wäre das logisch? Würde das irgendein besiegtes Volk in der Geschichte getan haben?

Dazu kommt noch, dass beispielsweise der Figl und der Hurdes echte Anti-Nazis waren und in Konzentrationslagern gesessen sind und bis an den Rand des Todes schikaniert worden sind. Die fühlten sich natürlich als Opfer und wurden auch tatsächlich befreit.

Mit Raab auf ein Schildkrötenschnitzel

1954, im Jahr vor dem Staatsvertrag, reiste Bundeskanzler Julius Raab in die USA. Hugo Portisch war als stellvertretender Leiter des Österreichischen Informationsdienstes in New York mit dabei. An einem sonnigen Wochenende in Key West „floh" Raab plötzlich vor den offiziellen Zeremonien: Er hatte – 8.569 Kilometer von Wien entfernt – Lust auf ein Schnitzel.

Wir waren über den Staatsbesuch in Washington sehr froh, denn das ging alles sehr gut über die Bühne. Natürlich kamen dann alle Zeitungen wegen Interviews. Aber der Raab hat gesagt: Er gibt keine Interviews! Da hätte er natürlich Stellung nehmen müssen zum Staatsvertrag und zu Russland, und das wollte er nicht. Ich war todunglücklich!

Dann kam das Wochenende, und Raab sagte: „Fahren wir irgendwohin, wo wir uns ausruhen können!" Das State Department schlug uns Florida vor. Der Raab und ich durften in die Pilotenkabine und „mitlanden" in Miami.

Am Abend lud uns der Generalkonsul zum Empfang. Und der Raab will im Garten einen Spaziergang machen – plötzlich sitzt da ein Krokodil! Und wir haben geglaubt, das ist ein Haustier! Als wir dann wieder ins Haus zurückkommen, sagt der Raab zum Gastgeber: „Ihr Haustier haben wir auch gesehen, das Krokodil." Drauf er: „Wie bitte? Jesus, um Gottes willen, ein wildes Krokodil in meinem Garten!"

Erwähnen muss ich auch, dass der amerikanische Informationsdienst für diese Reise einen Begleiter eingeteilt hat. Und der hat uns vorgeschlagen, hinunter auf die Keys zu fahren.

In Key West eingetroffen, werden wir in einen riesigen Saal geführt mit Hummer auf einem großen, gedeckten Tisch und allen Delikatessen des Meeres. Und rundherum stehen Militärs und ihre Familien. Der Raab hat jedem die Hand gedrückt: „Raab, Raab, Raab." Und ich hinter ihm, weil er ja nicht Englisch konnte.

Fragt er: „Wo sind wir da?" Wende ich mich an den State-Department-Menschen, der antwortet: „Wir sind hier im Hauptquartier der karibischen Flotte der USA. Und der Herr Admiral würde sich sehr freuen, wenn der Herr Bundes-

kanzler an Bord seines Kommandoschiffes eine Flottenparade mit abnehmen würde." – „Raab, Raab, Raab."

Plötzlich dreht sich der Raab blitzschnell um und rast aus der Tür hinaus! Wir Österreicher hinterher! Der Raab reißt die Tür der Limousine auf: „Rein mit euch!" Den Mann vom State Department haben wir abgehängt, wie immer. Und der Herr Bundeskanzler will wissen: „Wo ist das nächste Beisl?!"

So kamen wir zu einem kleinen Restaurant am Hafen, aber dort gab es nur Muscheln und Krebse. Sagt der Raab: „Haben die nichts Anständiges zu essen da?!" Wir erfahren, dass es hier Schnitzel gibt – aber es sind Schildkrötenschnitzel! Sagt er: „Egal, Schnitzel!"

Dann hat er eine Ansichtskarte gekauft mit dressierten Delfinen in einem Pool. Die schrieb er dann „An den Herrn Außenminister Dr. Leopold Figl! Lieber Leopold! Lass die Roten so springen, wie diesen Fisch. Es grüßt dich dein Julius Raab, Bundeskanzler."

SWISSAIR
N·WIEN

Das heimliche Interview

Hugo Portisch bedauerte es zutiefst, dass Kanzler Raab im Zuge seiner Amerika-Reise 1954 keine Interviews geben wollte. Nicht einmal der „New York Times“, die ihm – kurz vor den Staatsvertragsverhandlungen – weltpolitisch dringende Fragen stellen wollte. So entschlossen sich Portisch und der Raab-Sekretär Franz Karasek, das Interview kurzerhand selbst zu beantworten – hinter Raabs Rücken!

Zum Zeitpunkt der USA-Reise von Julius Raab befanden wir uns unmittelbar vor den Staatsvertragsverhandlungen. Damals waren die Sowjets ungeheuer nervös, was aus Österreich wird. Wird das ein amerikanischer Satellit? Von Neutralität war nicht die Rede. In einer solchen Situation wäre es natürlich ein tödliches Gift gewesen, wenn der Bundeskanzler auf Fotos neben einem amerikanischen Admiral eine Flottenparade in der Karibik abnimmt. Das hat sein Gehirn in Blitzeseile begriffen, und er hat gesagt: „Das kommt nicht infrage!“ Ganz wurscht, was wir da für einen Skandal provozieren, da gehe ich raus!

Vielleicht war ihm dieser Eklat sogar gar nicht so unrecht – man darf ja nicht vergessen: Das war im November 1954. Und im März 1955 wurde er zu Verhandlungen über den Staatsvertrag nach Moskau eingeladen. Also ein „Gespür" hat er gehabt!

Allerdings muss ich hier eine Beichte ablegen … Wir haben darunter gelitten, dass der Raab kein Interview geben will in den USA. Obwohl die Fragen, die ihm die „New York Times" damals stellen wollte, durchaus freundlich waren. Also habe ich – gemeinsam mit Franz Karasek, dem damaligen Sekretär von Raab – die Interviewfragen im Alleingang beantwortet! Lediglich bei einer eher heiklen Frage antworteten wir mit „No comment!". Dann gehen wir zum Raab und sagen: „Da ist ein Interview!" Er sagt: „Aber ich habe gesagt, ich gebe keine Interviews!"

Dann kam die große Verschwörung Karasek-Portisch! Sagt der Karasek: „Wir geben das Interview. Der Kanzler wird das kaum bemerken, und wir haben einen Riesenerfolg!" Man stelle sich das heute vor! Die „New York Times" hat das Interview dann sehr schön gemacht. Groß gebracht. Niemand hat was bemerkt.

Kurze Zeit später begeben wir uns auf einen Sightseeing-Trip nach New Orleans. Und der Kanzler bekommt die üblichen fernschriftlichen Meldungen, die über die Botschaft reingekommen sind. Er liest den Bericht aus Wien über das Interview und erstarrt: „Wo habe ich gesagt: ‚No comment'?!" Da mussten wir beichten! Und ich habe mir gedacht: Jetzt fliege ich raus! Und der Karasek fliegt mit mir!

Glücklicherweise war der Raab nicht fuchsteufelswild. Er war nachsichtig. Er hat gesagt: „Na ja, Burschen, ihr habt das geschickt gemacht. Aber es ist natürlich unangenehm, weil die ‚Volksstimme' das aufgegriffen hat. Die haben einen Riesenaufmacher darüber gebracht, dass ich ‚No comment' gesagt habe auf eine Frage, die ich eigentlich hätte beantworten müssen."

Es war ein Husarenstück! Wenn man will, auch ein Schildbürgerstreich. Aber wir haben Propaganda für Österreich gemacht.

Aug um Aug, Zahn um Zahn

Was gar nicht so bekannt ist: Unmittelbar nach dem Krieg praktizierte die Regierung Renner eine vorbildlich strenge Anti-Nazi-Gesetzgebung. Hier ging es, wie Hugo Portisch formuliert, um „Vergeltung" nach dem Motto Aug um Aug, Zahn um Zahn.

Karl Renner hat, noch bevor er von den Sowjets zum Staatskanzler ernannt wurde, eine „Vergeltungsjustiz" niedergeschrieben. Es ging darum: Was geschieht jetzt mit den Nazis? Und da hatte er eine einfache Formel: Wir machen mit den Nazis präzise das, was sie mit uns gemacht haben. Wir stecken sie in Konzentrationslager, sperren sie ein, und sie müssen genau das machen, was sie mit uns in den KZs gemacht haben. Also die strengste Strafe überhaupt!

Und so wurde von der Renner-Regierung ganz früh – da gab es noch kein funktionierendes Parlament – eine entsprechende Anti-Nazi-Gesetzgebung verabschiedet. Darin hieß es: Jeder wird nach dem bestraft, was er angestellt hat. Zum Beispiel: Wenn ein Hausmeister verraten hat, dass im zweiten Stock eine jüdische Familie wohnt – und diese jüdische Familie verschleppt und getötet wurde –, dann ist der Hausmeister mit dem Tode zu bestrafen! Denn er hat durch Denunziation zum Tod dieser Familie entscheidend beigetragen!

So streng wurden die Gesetze unter dieser ersten Regierung geschrieben und gehandhabt. Diese „Vergeltungsjustiz" war bei Weitem strenger als im restlichen Europa – Aug um Aug! Zahn um Zahn! Nicht mehr und nicht weniger.

Und das wurde auch so gehandhabt. Frage: Was haben die Nazis gegen uns eingesetzt? Antwort: Volksgerichte! Also setzen wir Volksgerichte gegen die Nazis ein! Dort wurden dann auch sofort Todesurteile gesprochen. Ich glaube, 33 Todesurteile gab es, und davon ist auch eine ganze Menge vollstreckt worden. Zusätzlich wurden auch sehr viele langjährige Kerker- und Haftstrafen verhängt.

Und dann musste das österreichische Parlament diese Anti-Nazi-Gesetzgebung nun auch parlamentarisch beschließen. Das muss man genau lesen, was das österreichische Parlament da beschlossen hat: Jeder ehemalige Nazi im Staats-

dienst wurde streng bestraft. Je nach seinem Belastungsgrad. Entweder wurde er aus seinem Amt hinausgeschmissen oder für Jahre zurückgesetzt und/oder verlor seine Pension. Oder er wurde ohnehin eingesperrt. Jedenfalls war diese Anti-Nazi-Gesetzgebung, die das österreichische Parlament da im Jahr 1946/47 beschlossen hat, eine auch europaweit ungeheuer strenge Gesetzgebung – die sich durchaus sehen lassen konnte!

Doch schon bald haben die Parteien begriffen, dass Wahlen sind! Und dass man dafür viele Wähler aus verschiedenen Lagern braucht. Insbesondere die ÖVP und die SPÖ haben das begriffen! Im November 1945 durften die Nazis noch nicht wählen. Also konnten sie sich auch nicht „revanchieren" für die strenge Gesetzgebung. Aber 1949, vier Jahre später, stand eine Neuwahl bevor im Nationalrat …

Das Buhlen um die Nazis

Die Praxis der strengen Anti-Nazi-Gesetzgebung war bald „verwischt“, wie Hugo Portisch schildert. Denn ÖVP und SPÖ benötigten die Wählerstimmern der österreichischen Nationalsozialisten beziehungsweise wollten sie in einer eigenen Partei „zähmen“. So begann das große Buhlen um die Nazis.

Es wäre durchaus eine Möglichkeit gewesen zu sagen: Die Nazis dürfen 1949 nicht wählen! Aber, das hat sich keiner mehr getraut! Weil die Parteien gesagt haben: Wir können nicht über 600.000 österreichische Nationalsozialisten von der nächsten Wahl ausschließen. Die müssen wir eher umerziehen zu Demokraten, weil wenn wir die ganz ausschließen, haben wir praktisch eine fünfte Nazi-Kolonne im Land.

Das war die eine Erwägung. Die andere war eine sozialistische Erwägung. Sehr stark verankert bei Adolf Schärf, dem Vorsitzenden der Sozialistischen Partei. Der hat gesagt: Es wäre ganz gut, wenn wir die Nazis auch wählen lassen, und wenn sie eine eigene Partei hätten. Denn dann wissen wir, wo sie sind. Wir haben sie sozusagen gezähmt in einer Partei – und vor allem spalten wir damit das bürgerliche Lager! Infolgedessen hat der Schärf sehr schnell darauf zugearbeitet: Es soll eine Nachfolgepartei gegründet werden, und die würde dann die ÖVP schwächen, und die stärkste Partei im Lande würde automatisch die Sozialistische Partei sein.

Aber es gab bei all diesen Dingen noch eine wichtigere Überlegung. Nämlich: Mit der strengen Anti-Nazi-Gesetzgebung haben Rechtsanwälte ihre Kanzleien verloren, Ärzte ihre Ordinationen. Lehrer wurden aus dem Beruf ausgeschieden. Unter den Nazis waren die meisten Lehrer in der Partei. Und so kamen aus allen Ecken und Enden des Landes die Alarmmeldungen: Es gibt keine Ärzte! Es gibt keine Lehrer! Keine Notare! Wir müssen etwas tun!

Noch 1947 haben die Alliierten gesagt: Die Nazi-Gesetze sind noch nicht scharf genug. Dann aber waren sie die Ersten, die gefordert haben: Jetzt brauchen wir Amnestien! Die Regierung und die Parteien haben sich das nicht zweimal sagen lassen. So nach dem Motto: Halt, wir haben demnächst Wahlen, und wenn dann auch die ehemaligen Nazis wählen können, dürfen wir jetzt nicht so streng mit ihnen umgehen, da wir dann ihre Stimmen brauchen! Klug war dabei nur das Vorgehen des Schärf, der gesagt hat: Wir brauchen von denen keine Stimmen. Genug, wenn sie eine eigene Partei haben und der ÖVP Stimmen wegnehmen.

Umgekehrt hat natürlich auch die ÖVP diese Lunte gerochen. Da war der Alfred Maleta, der spätere Generalsekretär der ÖVP, führend. Er hat gesagt: Verständigen wir uns mit den prominenteren Nazis. Und die holen wir dann herein. Nicht die Kriegsverbrecher natürlich, aber bekannte Namen! So erzählte mir der ehemalige Gauleiter vom Burgenland, der Herr Portschy, in einem Interview: „Die waren alle bei mir! Alle ÖVP-Führer waren bei mir!" Sie hätten ihm gesagt: „Herr Portschy, Sie müssen für uns Stimmung machen bei Ihren Leuten!"

So hat sich das dann alles furchtbar verwischt – im wahrsten Sinne des Wortes verwischt.

Kreisky und der Glasenbacher

Um seine Minderheitsregierung zu stützen, paktierte Bundeskanzler Bruno Kreisky 1970 mit dem FPÖ-Klubobmann und ehemaligen SS-Obersturmführer Friedrich Peter. Auch sein eigener SPÖ-Innenminister Otto Rösch hatte eine braune Vergangenheit.

Auch Kreisky hat erkannt, dass eine absolute Mehrheit nur zu machen ist, wenn man die Nazis mit im Boot hat. Natürlich war er diesbezüglich – mit seiner jüdischen Vergangenheit – ein Sonderfall, aber er hatte immerhin drei Nazi-Minister in der Regierung. Davon einen, der vom Volksgericht verurteilt worden war und nach dem Krieg eine bewaffnete Nazi-Organisation aufbauen wollte. Das ist ja einmalig: zuerst die strengste Anti-Nazi-Gesetzgebung, dann die Amnestie und schließlich ein „Wiederbetätiger" als Minister … Gut, da gab es damals viele Untersuchungen, und der Rösch hat angeblich nachgewiesen, dass er nur als „Informer" bei dieser Verschwörergruppe war. 1949 wurde er aus Mangel an Beweisen freigesprochen.

Und dann kam die Episode mit Friedrich Peter. Er war ein Jahr lang im amerikanischen Anhaltelager Glasenbach und behauptete, er sei dort ein Demokrat geworden. Er sagte: „Ich habe mir vorgenommen, innerhalb der FPÖ alles zu tun, damit die Partei in eine demokratische Richtung geht." Ob das gemogelt war oder nicht, das kann ich nicht beurteilen. Aber er hat das so auch immer wieder gegenüber dem Kreisky behauptet.

Er hat mir auch einmal gesagt: „Ich habe eine Absolution bekommen!" Denn er habe alles, was er getan hat, und seine ganzen Jugendvorstellungen vom Nationalsozialismus dem Kreisky erzählt – „und der Kreisky hat mir verziehen! Ich habe die Absolution!" Und von wem könnte die Absolution nützlicher sein als von dem sozialdemokratischen Juden Kreisky?!

Jedenfalls hat der Kreisky das ja dann auch sehr gepflegt. Denn seine Minderheitsregierung hätte er nicht gründen können ohne Zustimmung der FPÖ. Das hat er sehr geschickt gemacht. Denn schon, bevor die ÖVP überhaupt aufgewacht ist nach ihrer Niederlage, hatte der Kreisky bereits mit dem Peter verhandelt und gesagt: Wir geben auch eine Wahlrechtsreform, und so könnt ihr eine viel größere Partei werden – wenn ihr mich in einer Minderheitsregierung unterstützt! Da hat der Peter natürlich zugesagt. Er hat dem Kreisky erlaubt, eine Minderheitsregierung so zu führen, als wäre es eine Alleinregierung. Und so konnte der Kreisky in dieser Zeit als Minderheitskanzler all das beschließen, was er auch als sozialdemokratischer Alleinkanzler beschlossen hätte. Viele Reformen. Viele, die notwendig waren. Überhaupt keine Frage. Er hat die Fenster aufgestoßen – das Jahr 68 lag kurz hinter uns.

Das 68er-Jahr war ja ein Umsturzjahr in der ganzen Welt. Aber insbesondere in Mitteleuropa und natürlich auch in Österreich mit einer nicht so starken Studentenbewegung wie in Deutschland, aber immerhin auch mit einer Studentenbewegung. Auch mit einer starken jugendlichen Anti-Establishment-Bewegung. Da lagen Reformen in der Luft.

Kreisky, der Reform-Kanzler

Bruno Kreisky war ein instinktsicherer Reformer. Besonders in der Bildung, in der Außenpolitik und in der Frauenfrage durchlüftete er das damals noch reichlich muffige Land.

Das Land war total reformbedürftig. Das hat der Kreisky erfasst. Und er hat diese Reformen auch zu einem guten Teil durchgeführt, insbesondere auf der Bildungsschiene. Also: Schülerfreifahrten für alle, damit ärmere Familien nicht die Straßenbahn und die Eisenbahn zahlen mussten. Freie Schulbücher für alle. Freies Studium, keine Studiengebühren mehr!

Und: Die Frauenrechte waren damals wirklich noch unter jeder Kritik! Zwar wollte der Kreisky nicht von sich aus die Abtreibung erlauben. Denn er wollte keinen Konflikt mit der katholischen Kirche haben. Aber innerhalb der SPÖ gab es einige, die das sehr wohl anstrebten. Insbesondere die Frauen in der SPÖ wollten das. Es ist ihm dann sozusagen „passiert". Er hat zwar gedacht, er kann das im letzten Moment noch verhindern. Und er wollte es auch noch verhindern, denn es gab da große Demonstrationen gegen die Abtreibung, angeführt vom Kardinal König. Für die sozialdemokratische Partei war es nach Kreiskys Auffassung gefährlich, wenn man da de facto das ganze katholische Lager gegen sich mobilisiert. Aber nach Ansicht derer, die für die Abtreibung waren, war das eine absolute Notwendigkeit. Es war modern. Wir wären eines der letzten westlichen Länder gewesen, wo das nicht erlaubt gewesen wäre: die Befreiung der Frau von dem Gebären-Müssen.

Ich habe das sehr genau rekonstruiert in einem meiner Bücher, wie das damals gelaufen ist. Das wurde praktisch hinter dem Rücken von Kreisky beschlossen. Aber er hat sich dann nicht mehr getraut, das zurückzunehmen. Denn er war vor die Wahl gestellt: Entweder ich blamiere mich vor meiner eigenen Partei und gewinne dafür das katholische Lager – oder umgekehrt. Er ist dann sozusagen „hineingeschlittert. Aber es wurde dann durchgezogen.

Apropos Gleichstellung der Frauen: Kreisky hat dann auch einige Frauen als Staatssekretärinnen in die Regierung geholt. Einige auch als Ministerinnen: Dohnal und Firnberg. Aber interessanterweise war die erste Ministerin über-

haupt in einer österreichischen Nachkriegsregierung von Kanzler Klaus eingesetzt worden: Das war die Grete Rehor, eine christlich-soziale Gewerkschafterin, die als Sozialministerin fungierte.

Aber man muss schon sagen: Kreisky war ein Reformer und hat dahingehend sehr viel getan, vor allem auch in der Außenpolitik. Gleichzeitig aber hat er natürlich auch immer geschaut, dass er Regierungsmehrheiten sicherstellt. Eine ganz entscheidende Rechnung dabei war: Sozialdemokratie plus Ex-Nazis oder Nazis ist gleich Mehrheit. Interessanterweise hat er aber durch seine in so vieler Hinsicht geschickte Politik dann echte Mehrheiten zustande gebracht, und er war nicht mehr auf die Unterstützung durch die FPÖ angewiesen. Dennoch war er bereit, sollte er die Mehrheit verlieren, die Freiheitlichen mit ins Boot zu nehmen.

Kreisky versus Wiesenthal

Eines der unerquicklichsten Kapitel der neuen österreichischen Geschichte stellt die Auseinandersetzung zwischen Bundeskanzler Bruno Kreisky und Simon Wiesenthal dar. Der „Nazijäger" kritisierte Kreisky wegen dessen Zugehen auf die Ex-Nazis. Kreisky verunglimpfte seinen Kontrahenten postwendend als vermeintlichen Kollaborateur.

Die „Causa Peter" hat den Simon Wiesenthal auf die Barrikaden gebracht! Er sagte: „Bitte, der Peter war in Mörderbrigaden involviert und ist sozusagen an den Mordtaten der Waffen-SS mitschuldig geworden!" Er hat auch Tagebücher dieser SS-Einheit vorgelegt, und manche Historiker behaupteten, dass ihm diese Tagebücher vom tschechischen Geheimdienst zugespielt worden waren. Die haben das in einem See gefunden, wo es vorher versenkt worden war.

Aber jedenfalls: Anständig hat sich der Herr Kreisky gegenüber dem Wiesenthal nicht benommen. Er hat ihm unterstellt, dass er eine „Mafia" sei und sich in Wahrheit als ÖVP-Mitglied in die

Regierungsgeschäfte einmischen wolle. Und dass er vor allem seine – Kreiskys – Regierung verhindern will und diese in der ganzen Welt als Naziregierung anschwärzt.

Das stimmt absolut nicht. Denn der Wiesenthal ist zum Beispiel sehr offen und sehr mutig für den Waldheim eingetreten. Und er hat besser gewusst als alle anderen, was ein Mann wie der Waldheim in seiner Funktion als Offizier in Griechenland gewusst haben kann und getan hat – oder auch nicht getan hat. Er hat genau gewusst, dass das, was die Amerikaner dem Waldheim unterstellt haben, nicht stimmt. Weder war er bei der SS, noch war er ein Schlächter. Das wusste der Wiesenthal natürlich sehr genau und hat daher den Waldheim auch zu verteidigen versucht. Die Folge war, dass man ihn in Amerika mit einem ganzen Buch angegriffen hat und ihm Verrat an der jüdischen Sache vorwarf. Er sei diesem Supernazi und Schlächter Waldheim zur Seite gestanden.

Diese Themen ziehen sich, wie wir jetzt schon öfter gesehen haben, seit 1945 bis zum heutigen Tag, durch die österreichische Geschichte: Holocaust, Kriegsschuld, Nichtschuld, Opfertheorie. Und auch heute noch leiden wir darunter. Denn noch heute werden wir an den Waldheim erinnert, an den Jörg Haider. Und all das ist – trotz der eindeutigen Klarstellung durch Vranitzky – nicht so leicht loszuwerden: dieses „verwaschene" Verhältnis Österreichs zur Geschichte.

Und darin unterscheidet sich Österreich von Deutschland: Die Österreicher bekamen ihren Staat, ihre Regierung, ihre Behörden auf dem Serviertablett! Im Gegensatz dazu mussten die Deutschen sich Schritt für Schritt ihren Platz an der Sonne wieder erobern. Das ist nur durch ganz große Volksaufklärung möglich gewesen, durch ganz großes Schuld- und Reuebekenntnis. Das hat lange Zeit gedauert. Bis in die jüngste Zeit gab es immer wieder Misstrauen gegenüber Deutschland. Selbst bei einem Fußballspiel England gegen Deutschland gibt es noch immer „Rülpser" in England: Das sind die alten Germanen, die Krauts, die Nazis.

Eine Regierungserklärung muss her

Das offizielle Eingeständnis der Mitschuld Österreichs an den Gräueln des Naziregimes erfolgte erst spät – durch Bundeskanzler Franz Vranitzky. Hugo Portisch erzählt, wie es dazu kam.

Die internationalen Anti-Waldheim-Kampagnen haben Österreich schwer geschadet. Deshalb hat man mich gebeten, Ideen einzubringen: Wie kann die österreichische Regierung dieser internationalen Kritik begegnen? Das hat mich bewogen, ein ganzes Konvolut zu verfassen. Es war eine Analyse zum Thema: Warum fällt uns das alles auf den Kopf? Es fiel uns vor allem auf den Kopf, weil wir uns nie zu unserer Täterrolle bekannt haben. Deshalb habe ich dringend für eine Regierungserklärung plädiert. Das war notwendiger denn je!

Aber natürlich hätte das Konsequenzen gehabt. Ich schlug vor: Am dringlichsten sei die Entschädigung der vertriebenen Juden über einen Fonds. Ich habe diesen und noch andere Vorschläge abgegeben – aber ich habe kein

Echo darauf gehabt. Dann habe ich dazu einen Kommentar in der „Zeit im Bild 2" platziert. Kurz darauf bekomme ich einen Brief vom Bundeskanzler Vranitzky, in dem stand sinngemäß: „Bitte, das ist sehr ungerecht gewesen, was Sie da gesagt haben. Ich muss mich sehr beschweren über Sie, weil ich ohnehin bei jeder Gelegenheit sage, dass wir mitschuldig sind!" Da habe ich ihm zurückgeschrieben: „Bitte, Sie missverstehen das. Sie haben das tatsächlich gesagt. Sie haben das sogar als Bundeskanzler gesagt – aber nicht als Regierung! Wo ist die Regierungserklärung für das ganze Land und für die ganze Welt?!" Da ruft mich der Vranitzky an und sagt: „Sie haben völlig recht. Kommen Sie zu mir!"

Ich bin zu ihm gegangen. Das spricht wahnsinnig für den Vranitzky, dass er das so aufgenommen hat! Wir haben das alles besprochen, und er sagte: „Das machen wir!"

Ich bin gegangen – und nichts geschah! Dann habe ich wieder einmal den Bundeskanzler getroffen. Sagt er: „Der Koalitionspartner ist nicht mitgegangen in der Sache." Das fand ich unglaublich! Daraufhin habe ich das ganze Konvolut auch dem Herrn Mock geschickt. Ohne Echo! Dann ist gerade Jugoslawien zusammengebro-

chen – damals waren die Massaker am Balkan ein großes Thema, und wir waren aus der „Waldheimfalle" noch nicht heraußen! Jedenfalls habe ich mich wieder gerührt und an mein Konvolut erinnert. Und jetzt hat der Vranitzky reagiert: „Das machen wir unbedingt!" Frage: „Soll ich es formulieren?" Antwort: „Schreiben Sie mir das!"

Er hat das dann wörtlich so im Parlament gebracht, mit kleinen Korrekturen. Diese Rede ist ganz großartig angekommen, in der ganzen Welt beachtet worden! Das war der Wendepunkt im Holocaust-Dasein Österreichs!

Es war eine ganz große Leistung vom Bundeskanzler Vranitzky! Dass ich ein bisschen dazu beitragen konnte vielleicht, ist eine andere Geschichte. Aber um Gottes willen, das ist ja das Tolle an einem Politiker, die richtigen Ideen zu erkennen. Und dafür seine Person einzusetzen und dafür sein Amt einzusetzen und dafür das Land einzusetzen! Das war eine ganz große Leistung des Herrn Vranitzky.

Karl Schranz auf dem Heldenplatz

Bruno Kreisky war mit seiner Begabung, Zeitungen und Fernsehen in seinen Bann zu ziehen, bald Österreichs „Medien-Kanzler“. Und der reformierte ORF bekam den Spitznamen „Kreisky-Funk“. Doch: Mit dem nicht minder mächtigen und geschickten Generalintendanten des ORF, Gerd Bacher, gab es bald Zwist. Bacher wurde Kreisky zu mächtig – was an einer Anekdote rund um die „Affäre Schranz“ deutlich wird.

Kreisky hat mit dem Bacher bald Konflikte gehabt. Denn er hat gesehen, welche Macht das Fernsehen – beziehungsweise der Mann an der Spitze dieser Institution hat: Und das war der Gerd Bacher! Der Kreisky hat befürchtet: Der Bacher ist durch niemanden kontrollierbar. Der untersteht keiner Gewalt. Das war für den Rundfunk natürlich herrlich, aber dem Kreisky war das unheimlich, dass da einer ist, den man nicht zu sich bestellen und beauftragen kann: Machen Sie das anders! Der Bacher hätte sich das auch nicht gefallen lassen, wohin „bestellt“ zu werden.

Dann kam diese Episode mit dem Karl Schranz. Der Schranz wurde bei den Olympischen Spielen in Japan von dem Herrn Brundage, dem Olympiachef, dort gesperrt und ausgeschlossen. Denn er hat irgendwann einmal – bei einem Freundschaftsfußballspiel – ein Leiberl getragen mit einer Kaffeemarke drauf. Das war illegal. Das war Werbung. Wenn man das mit heute vergleicht, wo auf jedem Fußballer und auf jedem Skifahrer Werbelogos draufpicken, dann mutet das recht kleinlich an.

Jedenfalls hat diese eine Kaffeemarke auf dem Leiberl dem Herrn Brundage genügt, um ihn auszuschließen. Das hat ganz Österreich als schrecklich und zu Recht auch als schrecklich ungerecht empfunden! Denn der Schranz war nicht nur ein toller Skifahrer – er war der beste der damaligen Zeit –, sondern er war auch ein Held Österreichs!

Und der ist dann gedemütigt und unverrichteter Dinge von den Olympischen Spielen nach Wien zurückgekehrt. Sofort hat der Bacher dazu aufgerufen, man möge den Schranz großartig empfangen. Und so hat sich dann ein dichtes Fan-Spalier von Schwechat bis in die Stadt erstreckt. Schließlich hat der Bacher auch beim Bundeskanzler angefragt: ob der Schranz nicht direkt von Schwechat ins Kanzleramt kommen könne, um vom Kanzler feierlich empfangen zu werden?!

Der Ballhausplatz war voll mit Menschen, und der Schranz kam hinauf. Der Bundeskanzler hat ihn empfangen. Dann hat der Bacher gesagt: „Gehen Sie mit dem Schranz hinaus auf den Balkon!" Das wollte der Kreisky eigentlich nicht. Aber er hat es dann doch getan, und die Massen unten haben ihm zugejubelt.

Wahrscheinlich ist da bei ihm das Bild aufgetaucht, wie der Seyß-Inquart im März 1938 auf dem Balkon des Kanzleramtes erschienen ist. Und unten standen die Nazis und haben gejubelt … Da hat er vermutlich Parallelen gezogen. Da ist ihm die Ganslhaut gekommen, dem Kreisky, wie man die Menschenmassen mobilisieren kann! Und dass sich auch ein Bundeskanzler, der das gar nicht so will, dieser Masse fügen muss. Das war, glaube ich, ein großer Bruch dann zwischen dem Kreisky und dem Bacher.

RESCHOV
Nistler
PELZE
CINZANO
MIT ALLEM EINVERSTANDEN HERR THIEL ?
NIE
kämpft
in den
Buchhandlung

Erstes politisches Opfer im neuen Österreich

1965 wurde der Straßenbahner und Geschäftsführer des Compass-Verlags Ernst Kirchweger, der gegen den antisemitischen Welthandels-Professor Taras Borodajkewycz demonstriert hatte, von einem Rechtsradikalen erschlagen. Der „Fall Borodajkewycz" zeigt auf, wie viele Großdeutsche und Nazis in der jungen Republik noch das Sagen hatten.

Heinz Fischer und Ferdinand Lacina waren Studenten an der Hochschule für Welthandel. Sie waren dort bei den Vorlesungen des Professors Taras Borodajkewycz. Er war einer, der den „Anschluss" Österreichs an Deutschland noch bis in die 70er-Jahre hinein für völlig richtig gehalten hat. Und er hat in seinen Vorlesungen laufend Witze über Juden gemacht! Das haben Fischer und Lacina mitgeschrieben und in einer sozialistischen Zeitung veröffentlicht.

Daraufhin habe ich im „Kurier" Leitartikel geschrieben, und wir haben gesagt: Der muss sofort von der Hochschule entfernt werden! Aber insbesondere der Unterrichtsminister Piffl-Perčević von der ÖVP hat nicht daran gedacht, den Herrn Borodajkewycz zur Rede zu stellen.

Immerhin gab es zu diesem Zeitpunkt mächtige KZ-Verbände und Widerstandskämpfer. Die haben dann zu einer Großkundgebung auf dem Karlsplatz aufgerufen. Da war natürlich sofort eine Gegen-Demonstration der Borodajkewycz-Anhänger zur Stelle. Und die skandierten: „Vivat academia! Vivant professores!" Plötzlich wurde die Parole ausgegeben: Jetzt gehen wir den „Kurier" angreifen! Gemeint war unser Stadtbüro im Gebäude des Hotels Sacher. Das haben aber auch die Freiheitskämpfer mitbekommen und sind auch sofort hierhergeeilt. Da erstaunlicherweise keine Polizei da war, haben die ehemaligen KZ-Insassen und Freiheitskämpfer das „Kurier-Eck" geschützt. Und die Studenten sind angerannt gegen diesen Schutzwall! Es kam zu Schlägereien, und Ernst Kirchweger, früherer Insasse eines Konzentrationslagers und Kommunist, wurde vor dem „Kurier-Eck" von einem Studenten erschlagen. Er war das erste politische Todesopfer im neuen Österreich.

Was dann geschah? Der Tote wurde auf Wunsch der Mehrheit der Regierung – nicht aller! – am Heldenplatz aufgebahrt, genau dort, wo der Hitler gesprochen hatte. Tausende kamen. Der Heldenplatz war gesteckt voll! Rot-weiß-rote Fahnen am Ring. Es war eine Demonstration für Österreich und gegen Antisemitismus, Neofaschismus und Großdeutschland. Das wurde natürlich alles gefilmt, und wir haben es in „Österreich II" ganz groß herausgebracht.

Schließlich ging es darum: Kann der Herr Borodajkewycz noch immer Professor sein? Der Piffl-Perčević sagte im Parlament: „Ich kann nichts machen! Und selbst wenn ich was machen könnte, würde ich es nicht tun!" Auch das noch, was für ein Skandal!

Am Ende sind wir ihn durch einen „Trick" losgeworden: Der Borodajkewycz hat sich hinreißen lassen, das Parlament zu beleidigen – als „Quatschbude"! Das war eine Gesetzesverletzung, und so wurde er in den Ruhestand versetzt … Wir hatten einen langen zähen publizistischen Kampf geführt. Wir waren mitten im Getümmel dabei.

Kein Geschäft für erwachsene Menschen

1992 wollte Bundeskanzler Franz Vranitzky Hugo Portisch zur Kandidatur als österreichischer Bundespräsident überreden. Er wäre der Kandidat beider großer Parteien gewesen. Doch dafür hätte der lebenslang leidenschaftliche Journalist viele Freiheiten aufgeben müssen – so reagierte er auf das ehrenwerte Angebot mit den Worten: „Um Gottes willen …!"

Ich war gerade in den USA, in New Orleans, denn ich liebe ja Jazz und bin auch ein häufiger Gast im Wiener „Jazzland" gewesen. Und während wir dort gemeinsam musizieren und Reden schwingen, bekomme ich einen Anruf aus Wien. Von einem bedeutenden sozialdemokratischen Funktionär: „Der Bundeskanzler wird Ihnen antragen, dass Sie gemeinsamer Kandidat der Koalitionspartner für die Bundespräsidentenwahl sind!" Sage ich: „Bitte, um Gottes willen, nur das nicht! Bitte sagen Sie dem Herrn Bundeskanzler sofort, er möchte das nicht tun! Nichts will ich weniger als einen solchen Job annehmen! Es wäre nur eine Blamage!" – „Sind Sie sicher?" – „Ganz sicher!"

Im Flugzeug nach Wien bekomme ich den „Kurier" in die Hände. Auf der ersten Seite die Headline: „Heute wird dem Portisch die Präsidentschaftskandidatur angetragen". In Wien angelangt, wurde ich in der Tat sofort ins Kanzleramt eingeladen. Der Bundeskanzler hat mir dieses Angebot gemacht. Und ich habe ihm ausdrücklich wiederholt, was ich schon am Telefon dazu gesagt habe. Ich habe es ganz einfach begründet: Jeder politische Job auf der Ebene von Parteien ist eine Einengung der persönlichen Freiheit. Da wirst du immer der Parteilinie folgen müssen. Um Gottes willen, ich, ein Mensch, der im freien Journalismus groß geworden ist! Der die Politik immer kritisch betrachtet hat, weil das notwendig ist. Denn die Presse ist ein Korrektiv für die Politik. In der Demokratie ist es immens wertvoll, dass die Presse die Politik kontrolliert und auch aufdeckt, wenn was schiefgeht. Und wenn die Presse nicht wäre, wenn die freie Journalistik nicht wäre, weiß Gott, was da alles zusammenkäme an Korruption und Sauhaufen und Proporz!

Jetzt kann man sagen, der Bundespräsident ist kein politischer Job. Aber der Bundespräsident ist zumindest ein Sklave des Protokolls. Das habe ich gewusst, weil ich mit fast allen Bundespräsi-

denten unterwegs war. Da habe ich gesehen, was diese armen Teufel aufführen müssen! Jeden ausländischen Botschafter müssen sie empfangen. Hundert Empfänge im Jahr besuchen. Nationalfeiertage fremder Staaten feiern. Bei Staatsbesuchen große Tafeln geben. Da wird genau kontrolliert, wer sitzt wo? Immer sitzt man zwischen zwei Frauen – das ist vielleicht noch das Vergnüglichste daran. Und im Hof muss man vor der Ehrenkompanie herumspazieren … Das ist doch kein Geschäft für jemanden, der leidenschaftlich mit der Politik mitlebt und sie als Journalist beobachtet und kritisch hinterfragt und beurteilt!

Irgendjemand hat dann meine Frau gefragt, ob sie nicht auf mich einwirken könnte, dass ich das mache. Sie hat sich dazu hinreißen lassen zu sagen, das ist kein Geschäft für erwachsene Menschen.

HUGO PORTISCH (1927–2021)

war einer der großen österreichischen Journalisten und Persönlichkeiten. Humanist, Kosmopolit und überzeugter Europäer. Mit den TV-Produktionen „Österreich I“ und „Österreich II“ hat er das Geschichtsbewusstsein einer ganzen Nation geprägt. Die Dokumentation über den Zweiten Weltkrieg, gemeinsam mit Henry Kissinger erstellt, sorgte für weltweites Aufsehen. Das von ihm initiierte Rundfunkvolksbegehren für die Unabhängigkeit des ORF war das erste und erfolgreichste in der österreichischen Geschichte. Er war Chefredakteur des „Kurier“, später Chefkommentator des ORF und beim Bayerischen Rundfunk.

schreib's auf
story.one

Faszination Buch neu erfunden

Viele Menschen hegen den geheimen Wunsch, einmal ihr eigenes Buch zu veröffentlichen. Bisher konnten sich nur wenige Auserwählte diesen Traum erfüllen. Gerade mal 1 Million Autoren gibt es heute - das sind nur 0,0013% der Weltbevölkerung.

Wie publiziert man ein eigenes story.one Buch? Alles, was benötigt wird, ist ein (kostenloser) Account auf story.one. Ein Buch besteht aus zumindest 12 Geschichten, die auf story.one veröffentlicht und dann mit wenigen Clicks angeordnet werden. Und durch eine individuelle ISBN kann jedes Buch dann weltweit bestellt werden.

Jede lange Reise beginnt mit dem ersten Schritt - und dein Buch mit einer ersten Story.

Wo aus Geschichten Bücher werden.
#storyone #livetotell